Ange Fabrice Dibi

Soupirs dans l'âme

Ange Fabrice Dibi

Soupirs dans l'âme

Éditions Muse

Imprint

Cover image: www.ingimage.com

Publisher:
Éditions Muse
is a trademark of
Dodo Books Indian Ocean Ltd. and OmniScriptum S.R.L publishing group

120 High Road, East Finchley, London, N2 9ED, United Kingdom
Str. Armeneasca 28/1, office 1, Chisinau MD-2012, Republic of Moldova, Europe
Printed at: see last page
ISBN: 978-620-4-96295-5

Soupirs dans l'âme

Ecrivain noir

Soupirs dans l'âme

De l'Ecrivain noir

Poème 1 Les écrivains ont tout

Oui ! Les écrivains ont tout
Ces gens-là ! Je les adore !
Ils ont tout dans leurs mains
L'épée !
La machette
Le miel et le couteau.
Ils sont des demi- dieux
Je les adore car ils savent
Quand blesser et quand consolider
Les écrivains ont tout dans leurs mains
Les mots pour consolider
Les mots pour réveiller la guerre
Les mots pour apaiser les cœurs
Et les mots pour essuyer les larmes
Les écrivains ont tout dans leurs mains.

Soupirs dans l'âme

De l'Ecrivain noir

Poème 2 Je regrette 1

Je regrette de t'avoir choisi

Oh, mon amour !

Je ne savais pas que tu avais

En toi un venin que c'est moi seul qui sait

J'ai déjà mis la corde au coud

Le mariage trop pressé est un poison

La beauté ne rime pas avec la confiance

C'est maintenant que je sais

C'est maintenant que je crois

Avant le mariage est opposé après le mariage

Je jure que c'est une lionne que j'ai choisie

Pour aller à la marie

Devant mes parents et mes amis

Je regrette de t'avoir choisie.

Sur ses lèvres, il n'y a que des fruits amers

Elle ni pardon, ni la non-violence et ni la fidélité

Je regrette de t'avoir choisie

Mon miel prononcé devant mes parents et amis.

Soupirs dans l’âme

De l’Ecrivain noir

Poème 3   Tu as trop fait mon moi, mon amour.

Je reconnais que tu étais un Ange pour moi

Dans cette relation amoureuse

Je ne gâte pas ton nom devant le monde

Tu as fait ton possible pour ma guérison

Laisse-moi te dire Bb

Je suis fatigué et très fatigué

Je t'aime de tout mon cœur

Même là-bas, je t'aimerai toujours.

Laisse-moi partir maintenant

Ne gâte plus ton argent

Garde-le pour aider nos enfants

Il est l'heure pour moi de rejoindre mon Père

J'ai une bonne image de toi

Tu as été la meilleure des femmes que j'ai connues

Je t'aime de tout mon cœur

Garde ton argent pour faire mes obsèques

Je suis fatigué, môn Bb.

Ne pleure pas car c'est la vie.

Je t'aime de tout mon cœur

Soupirs dans l'âme

De l'Ecrivain noir

Poème 4 Quand je pense 1

Quand je pense,

Que demain ou après mon appellerai,

Un défunt !

Mes larmes coulent à l'intérieurement de moi

Que je pense,

Que demain je serai le magasin des asticots

Je serai le matelas de ces cafards

Mes larmes coulent à l'intérieurement de moi

Quand je pense,

Que je serai dans un casier sans action

Demain ou après-demain.

Et mes yeux seront hermétiquement fermés

Mes larmes coulent à l'intérieurement de moi

Quand je pense,

Que je quitterai de demain

Ces belles femmes de luxes

Ces corps sucrés et mielleux

Pour aller dormir dans un casier à la morgue

Et finir éternellement dans un tombeau

Mes larmes coulent à l'intérieurement de moi.

Soupirs dans l'âme

De l'Ecrivain noir

Poème 5 Je regrette 2

Non ! Je t'en prie ! Pardonne-moi.

Je reconnais ma bêtise humaine

Je savais que je n'allais même pas te prendre aux sérieux

Je jure sur les dix –huit montagnes de Man

J'ai voulu juste m'amuser avec toi

Te prendre comme une femme de plaisir

Mon cœur n'était pas sincère

Pourtant ton espoir était en moi

J'ai brisé ton rêve

J'ai saboté ton image

Devant tes parents

C'est pourquoi tu es partie !

Pardonne-moi !

Je regrette !

C'est à moi que tu partis sitôt

Je reconnais

Je le dis et je l'assume

Devant mes lecteurs

Je n'avais aucune idée de faire une sérieuse avec toi

Pardonne-moi là où tu es !

C'est maintenant je comprends que tu étais mon trésor.

Soupirs dans l'âme

De l'Ecrivain noir

Poème 6 Si mon pays et mon Afrique brûlent

Si mon pays brûle,
C'est vous les auteurs
De cette destruction massive
A cause de
Vos parles non tenues
Vos paroles flatteuses
Et vos dires multiformes
Si mon Afrique brûle,
Je vous accuse absolument
Devant le monde et devant la terre
A cause de
Votre dictature imposée
Votre injustice accrue
Et votre violence imposée.

Si mon pays brûle,
Je vous accuse directement
Devant les ancêtres et devant le Dieu unique

Car vous qui avez chosifié vos paroles

C'est vous qui avez menti aux peuples

Due vous les Anges Gabriela.

Si mon Afrique brûle,

C'est vous les auteurs, ces dirigeants.

Soupirs dans l'âme

De l'Ecrivain noir

Poème 7 Les écrivains sont puissants 2

Les écrivains sont puissants

Ces gens-là ! Ils me font !

J'adore leurs textes

J'adore leurs écrits

J'adore leurs styles

Et j'adore leurs messages.

Ils peuvent me tuer, ces esprits-là !

Ils manipulent les mots comme ils veulent

Ils ont l'art de s'exprimer ces esprits purs

Pour rien au monde, je vous détesterai !

Ils peuvent nous diviser

Ils peuvent unir deux univers

Ils peuvent nous réconcilier

Et ils peuvent nous blesser

Ces dieux-là !

Ils sont réellement puissants

Parce qu'ils ont tout :

Le poison,

Le miel,

Le sucre,

Le piment,

Et le couteau.

Dans leurs sauces.

Soupirs dans l'âme

De l'Ecrivain noir

Poème 8 J'aime les Blancs

J'aime les Blancs,
Jaime les Blancs,
De tous les horizons
Pour une seule raison :
L'amour réel entre eux.
J'aime les Blancs
De toutes les planètes
Pour une seule raison
La solidarité entre eux
J'aime les Blancs
De tout l'univers
Pour une seule raison :
La fidélité entre eux
J'aime les Blancs
De tous les pays du monde
Pour une seule raison
Leur sorcellerie ne tue pas leur race.
Même si elle veut tuer,
Elle tue autre race que la race blanche.

Jaime les Blancs du monde

Pour une seule raison :

Leur esprit d'union.

N'est pas suivi d'hypocrisie !

Quant à nous, tout est le contraire !

Soupirs dans l'âme

De l'Ecrivain noir

Poème 9 Si on revient encore

Si le bon pourrait nous venir encore
Sur cette terre des hommes
Je lui demanderais une seule chose
Je lui supplierais avec mes larmes
Je lui dirais seulement de me faire ce sacrifice
Car j'ai tout vu ici quand j'étais venu
Passer mon séjour sur cette terre des ancêtres
Je lui demanderais avec pitié

De me donner encore ma peau noire

Pour revenir encore ici-bas

Mais je lui demanderais avec les larmes

De me donner l'esprit des Blancs.

Car j'aime ma peau parce qu'elle est résistante contre tout

Mais je déteste l'esprit qui est moi.

Pour une seule raison valable :

L'esprit qui en moi ne connait pas l'amour, la solidarité et le soutien mutuel

Soupirs dans l'âme

De l'Ecrivain noir

Poème 10 Je crois !

Je crois !

Je ne doute même pas

Ni un petit esprit de peur

Dans cette tempête grandissante

Qui m'environne fortement

Que je triompherai

J'ai en moi une assurance

Une force féodale

Que je vaincrai cette misère absolue

J'ai confiance que ce poison se transformera succès

Demain sur mes pas

Je crois !

Sans peur

Sans hésitation,

Que je triompherai

Demain devant le monde

Dans cette misère.

Soupirs dans l'âme

De l'Ecrivain noir

Poème 11   C'est terminé !

C'est terminé !

Cette vie de poudrière

Cette vie misérable

Cette vie de chien

Et cette infidélité gigantesque.

C'est terminé !

Cette dictature accrue

Cette injustice radicale

Cette réaction sauvage

Et cette guerre atroce.

C'est terminé !

Ces larmes innocentes

Ces moqueries nos voies

Ces plats pourris que nous mangeons

Car c'est l'heure du Transcendant.

Soupirs dans l'âme

De l'Ecrivain noir

Poème 12 Sans ce trésor-là

Sur notre marche de tous les toujours

Devant les tempêtes et les géants malfaiteurs

Seul ce trésor-là,

Qui peut nous permettre de résister devant les varans

D'aller en eau profonde pour se dépouiller

De la misère et de l'humiliation

Il est limpide et précieux

Ce trésor-là

Le liquide vibrateur et agitateur

Sans lui nous sommes morts

Sans ce diamant c'est fini pour nous

Sur nos pas et dans notre course

C'est le courage.

Soupirs dans l'âme

De l'Ecrivain noir

Poème 13   Si j'avais su

Si j'avais su,
Que tu étais un harpagon
Ce précieux jour-là,
Où tu demanderais la main à ma sœur
Devant les Anges du ciel et mes parents
J'allais sans doute refuser cette demande.
Si j'avais su,
Que tu étais un agneau à la peau du loup
Ce précieux jour-là,
Devant tous les membres de notre famille
Où tu demanderais la main à ma sœur
Pour l'envoyer à la mairie
J'allais refuser cette demande.
Car elle n'ira pour jouir la joie !

Soupirs dans l'âme

De l'Ecrivain noir

Poème 14 Quand je pense 2

Quand je pense,

Que toute cette lutte sans repos

Sous ce soleil ardent de ce monde

Pendant des années sur des années

Pour une récolte de misère

Devant le monde

Mes larmes ne peuvent contenir dans mes yeux.

Quand je pense,

Pour tous les services rendus aux humains

Avec amour et sans une idée obscure

Sur mes voies et sur mes traces

Mais aujourd'hui,

Tous m'ont tourné le dos

Sans reconnaissance

Mes larmes ne peuvent plus rester en moi.

Soupirs dans l'âme

De l'Ecrivain noir

Poème 15 Je regrette 3

Je regrette de toute faute commise
Envers toi mon âme-sœur
Raison pour laquelle tu es partie
Je sais que c'est à moi la faute
Je jure sur la tombe de ma mère
J'ai été un lâche pour toi
J'ai agi sans une bonne conduite
Sur l'effet de la colère
Pout tout altérer entre nous
Tu avais eu raison de te manifester
Pour sauver notre amour
Mais, hélas ! Mes gestes l'ont brisé
Mon serment a été sans valeur
Car je n'ai pas tenu ma promesse
Mon âme-sœur.

Soupirs dans l'âme

De l'Ecrivain noir

Poème 16   Quand je pense 3

Quand je pense,
Sur cette terre des hommes
Ma vie n'a rien apporté au monde
Je soupire dans mon âme.
Quand je pense,
Que j'ai accompagné mes amis
Mes frères et mes sœurs à la mairie
Sur cette terre des hommes
Offrir des cadeaux sur des cadeaux
Et puis, j'ai n'ai la chance pour s'y rendre aussi
Je soupire dans mon âme.
Quand je pense,
Que demain, on me conduira
Au cimetière et je resterai seule
Dans cette forêt immense
Je soupire dans mon âme.

Soupirs dans l'âme

De l'Ecrivain noir

Poème 17 Tu me manques 1

Tu me manques absolument, mon Bb d'amour.

Sur cette terre des hommes

Mon cœur saigne

Au-dedans de moi

Dans ce silence absolu

J'entends les cris de l'enfer

Rien ne me console

Ta joie perdue me tue à présent

Troublé par ton absence

Sur ma langue rouge

Tous les fruits délicieux

Sont fortement amers

Comme la bile de crocodile

Désespérément, ton absence me travaille.

Ce vide altère en moi toute joie immense

Mon saigne pour te réclamer

La nuit, c'est la folie de la soif

Car je suis seul sur mon lit.

Soupirs dans l'âme

De l'Ecrivain noir

Poème 18 Cet organe-là !

Cet organe-là !
Il est immensément riche
Très riche et très profond
Dont nul ne peut connaître sa profondeur
Sauf le Transcendant lui-même
Magasin de tous déchets humains
Citerne de mort
Et citerne de vie
Cet organe-là !
Travailleur infatigable
Très riche et très précieux
L'asile du mal et du bien
Quand il s'arrête, on ne vit plus.
Il est précieux et communicateur
Seul le Créateur lui-même

Connait sa profondeur

Ce cœur humain.

Soupirs dans l'âme

De l'Ecrivain noir

Poème 19 Tu manques 2

Tu me manques, mon trésor unique !

Depuis que ce cordon ombilical

Est coupé fatalement

Toute joie immense s'est volatilisée
En moi dans toutes mes veines

Je jure sur ta tombe précieuse

La joie comme la paix

Le rire comme sourire

Tous altérés dans mon cœur

Trésor à jamais son deux

Mon âme soupire derrière-toi

Ce poids de malheur pèse sur ma tête à présent

Ta voix suave me manque

Et Ton précieux plat du soir aussi

Si comme on pouvait payer cette disparition,

Je paierais coûte que coûte

Juste pour entendre ta voix

Et manger encore ces plats de foutou bananes.

Soupirs dans l'âme

De l'Ecrivain noir

Poème 20 Pour qui vous avez prêté le serment, mes soldats ?

En fait, tout était bien parti dans ce monde noir. J'ai avais eu un dilemme quand j'ai vu ces actions de ces forces noires de maintenant dans nos sociétés. Cela m'avait choqué et j'étais complètement déçu d'eux si c'est comme ça que tout doit se passer. L'heure de leur sortir est arrivée, ces forces avaient pris le serment devant la nation pour servir la nation. Nous avions tous été ravis de ce serment de nos frères ce jour-là car nous savons tous qu'ils sont nos forces de l'ordre mais j'ai été choqué après leur serment par ces actions criminelles que je vous demande de nous suivre bien pour comprendre !

Devant moi, le Président leur a dit ouvertement ainsi :

« Je n'ai pas ces races humaines-là. Je n'aime par leurs têtes et non aussi parce qu'elles sont des voleurs mais allez-y les tuer car elles me énervent »

Ils n'ont pas refusé cet ordre du Président. Ils les ont exterminés sans pitié. Et je me suis approché d'eux et je leur ai demandé furieusement :

-Pourquoi vous avez agi ainsi sauvagement?

Ils m'ont dit bêtement :

-Nous avions respecté la parole du Chef.

Et je leur ai dit encore en gémissant:

-Pour qui vous avez prêté le serment ?

Et ils m'ont répondit honnêtement :

Au nom de notre nation !

-Donc, c'est notre nation qui vous a donné l'ordre de tuer ses enfants ?

Ils m'ont répondit bêtement encore:

-Non ! C'est le Président.

-Donc en réalité, vous ne prenez pas le serment pour servir la nation mais servir plutôt le Président ?

Ils m'ont répondit bêtement tous ainsi :

-Oui ! En Afrique c'est comme ça !

Et jetais complètement déçu de leurs prestations !

Car, en Europe, c'est le contraire !

Tableau des matières

Les autres œuvres de l'auteur

Ma Voix dans l'univers

A qui la faute ? Tome 1

Ma Déesse vit ailleurs !

Les Chants d'Aurores

Ma Déesse vit ailleurs version amplifiée

Les Larmes de l'Afrique

Sauvons notre mère, patrie !

Mon Cœur est loin de moi

Mes remerciements

A mon Dieu qui me donne le souffle de vie

A mon papa feu Yao Kamlé, pour son soutien de tous les jours.

A ma mère feu Kouamé Diby, qui m'a donné la vie.

A ma mère siprutuelle, Maman Kadjo , la prophétesse à Sinaï

ATougblé Roger, Chef de service aux impôts de Cocody

A mon neveu N'hmé Koffi Yanick, Machiniste à Plastika

A mon ami Michael Assemian, Journaliste à Go-Magasin

A mon ami Bollou Ange, Etudiant en criminologie

A mon Président Aboua, Professeur à Intellect-Afric

A ma Sœur Amenan syvie, femme d'affaire

A ma sœur Ahou Solange, Restauratrice à S-RESTO

A Gouverneur Bayla, Styliste modéliste à Inchalla

Printed by Books on Demand GmbH, Norderstedt / Germany